# 咒語50問

學佛入門 Q&A

法鼓文化編輯部 編著

〈導讀〉

# 持咒和佛菩薩心心相印

咒語是諸佛菩薩與護法善神所發的誓願，具有不可思議的力量。持咒的目的，在於幫助眾生超越生死，離諸障礙。凡夫在生活中，多少會遇到自身力有未逮的事，或出現無法過關的修行障礙，期盼能得到佛菩薩的加持幫助。

面對人生的種種難關，佛教的祖師大德建議人們可以持咒幫助自己度過難關，聖嚴師父有時也鼓勵人持誦〈準提咒〉二十萬遍來克服障礙。然而，持咒不是為了讓佛菩薩幫我們承擔責任，而是學習佛菩薩的願力，讓我們透過咒語安定自己的身心，找到轉危為安的方法。

記得我剛出家時，有一次農禪寺來了四位訪客，聖嚴師父要我前去處理。他叮嚀我要告訴他們：「我剛出家，什麼都不懂。」我見到他們時，還來不及開口，其中的二男一女已開始「起乩」，完全沒有溝通機會，我只好持誦〈大悲咒〉。結果一遍〈大悲咒〉還未念完，他們就突然走了。

當時會持誦〈大悲咒〉，是因爲實在想不到其他方法，並無意用來對付訪客，只是〈大悲咒〉的不可思議力量，讓他們無法鬧事。無所求的專心念咒，讓我不但能保持安定不慌亂，也與佛菩薩的願力相應，不起煩惱。

雖然咒語有非常殊勝的力量，但是我們不能動輒拿咒語來當作靠山，壓制別人。佛教咒語和一般咒術的不同處，便在於持咒的動機不是用於對付壞人或鬼神，而在於讓自己與衆生都能平息煩惱，自然而然，所謂的「壞人」，因煩惱而產生的邪念、惡行也會平息，不再自害害人，而變成「好人」。即使是遇到凶神惡煞，也可能因此轉為護法善神，不再恣意捉弄人，但是關鍵在於我們持咒的心。

咒語就像佛光，本來就是平等地普照眾生，能化除眾生的煩惱。佛光不會只照耀自己，而不照所謂的「壞人」。如同聖嚴師父在〈慈悲〉這首歌所說：「世界上沒有眞正的壞人，偶爾起了煩惱；做了壞事，說了壞話，原諒他吧。」因此，世界上只有壞事，沒有壞人，我們要慈悲他們，而他們也正是菩薩要度的眾生。

因此，持咒要能與佛菩薩的慈悲願力相應，才能發揮最大的超度力量，幫助自己與眾生都離苦得樂。

學習咒語，目的在學習諸佛菩薩的慈悲願力，希望眾生能解脫生死煩惱，自己也能在學佛過程中，減少一點障礙。那麼要如何從咒語裡，體驗到佛菩薩的慈悲願力呢？

西元一九九七年，聖嚴師父爲設立獎學金以紀念東初老人圓寂二十週年，第一次舉辦梁皇寶懺法會，及瑜伽焰口施食法會。我自己也因緣際會參與其中，從此跟咒語、手印結了二十年的緣。在焰口施食儀軌裡，有三十多種咒語及手印，金剛上師必須身、口、意三業相應，身體打手印、口念咒語，內心做觀想，如果一不專心就會打錯、念錯，所以無形中也訓練出專注力。

瑜伽焰口施食，除了開咽喉印、〈變食眞言〉，令餓鬼衆生得以無障礙地飲用食物，還要引導他們懺悔業障、皈依三寶、發菩提心、受三昧耶戒……。順著儀軌修持，冥陽兩利，讓自己與衆生都浸淫在安詳、愉悅的慈悲心海裡。

整個儀軌念咒語、打手印、觀想，處處都在修慈悲心，幫助眾生離苦得樂。相當於《金剛經》所講的：「云何降伏其心？……，若卵生、若胎生……，我皆令入無餘涅槃而滅度之。」「如是滅度無量無數無邊眾生，實無眾生得滅度者。」

「降伏其心」所降伏的，不只是其他有形、無形眾生的心，最重要的是降伏自己的煩惱心。當心困於煩惱中，便無法感受到法喜，無法同理別人的苦難，專注持咒能讓我們的心既溫暖光明，又明澈如鏡。不但鬼道眾生能結得度因緣，自己不知不覺中，也長養了慈悲心，每施放一次，等於複習一次的慈悲心，與有緣的靈界眾生結緣一次。

至於剛開始學咒語，先學哪個咒語最好呢？建議可以挑選與自己相應的，或是經常會使用到的，例如〈大悲咒〉、〈往生咒〉都是佛教常用的咒語。能夠常常持念，久而久之，自然就能背誦起來。

只要用心持咒，即使尚不能熟背咒語，也不解其中奧義，終能心開意解。我們的心，會與佛菩薩心心相印；我們的願，會與佛菩薩願願相續。

釋果醒
法鼓山禪堂堂主暨禪修中心副都監

# 目次



## 至心持咒，與佛同心

# 2 持咒有方法

# 3 不可思議的咒語

# 4

# 正念持咒最吉祥

# 1

# 至心持咒，與佛同心

Question

01

# 什麼是咒語？

不論是參加法會，或是在家做早晚課，初學佛者誦念到咒語時，常常會有一種奇異和神祕的感覺，好奇爲何要念咒、咒語從何而來，也擔心念錯字時，咒語會不會失效呢？

咒語起源於上古時代，是人們爲了與大自然或神靈界溝通，而出現的一種特殊「音聲」。由於一般人無法懂得這些特殊的「音符」，所以必須透過靈媒、祭司、巫師等媒介，來唱念、祈禱，以表達人們的願求，並傳遞神靈的旨意。

## 佛教的咒語

但是佛教中的咒語，尤其是佛菩薩的名號和本願功德，主要是透過持咒來修

（鄧博仁　攝）

心。佛教咒語又稱爲神咒、密咒、眞言、陀羅尼。透過特殊的音聲與韻律，傳達對佛菩薩的憶念，當至心持念，即能與身、口、意三業相應，自然會與諸佛菩薩的慈悲願力感應道交。

## 咒力是願力的展現

持咒的力量來源，除了佛菩薩廣大無邊的願力，以及護法龍天的護持，自己的虔敬皈依心，也是核心關鍵。如果心不與佛、法、僧三寶相應，即使再用功持咒，學會再多不可思議的神咒，最後仍舊可能偏離佛道，讓咒語變成了咒術。既然咒語能感通諸佛菩薩的本誓願力，我們應將自己的種種煩惱心，透過清淨咒語轉爲佛心，與佛同一願海。

Question
02

# 咒語怎麼來的？

根據許多人類學家的調查考證，咒語起源於古代的原始信仰與習俗。至於中國的咒語，則是起源於上古原始巫術，與中國西南古老的彝族「畢摩」（巫師、祭司）有關，他們負責主持占卜、禳災、詛咒、盟誓、神判等宗教儀式和民族間生活儀式。

## 與神靈溝通

當時處於萬物有靈時期，語言也自然被靈物化，人們相信自己的語言能與神靈溝通。因此，這些儀式多以「祝咒」爲與神靈溝通的手段。《說文解字》中記載：「祝者，咒也。」在黃帝時代祝、咒是不分的，黃帝時設的官職「祝由」，又稱爲「咒由」。對中國道教（黃老之術）而言，咒語是重要的組成部分，同樣

（李耘廣　攝）

源於彝族畢摩文化。

## 為得神靈的護佑

一般而言，咒語就是透過所謂通靈者的媒介，由神靈所傳授，而爲民間所採用，不論東、西方，都有咒語的流傳、使用。印度最早的咒語是婆羅門教的《吠陀》讚歌，用於對神的祭詞、祈禱等，稱爲眞言，藉此得到神靈的護佑，達到禳災招福的目的。希臘和羅馬時代則很流行鉛製咒語卷軸，記錄著一些「黑色魔法」的咒語，能夠請求上帝對特定的人施加痛苦和磨難。

而佛教的咒語，最初也是源自《吠陀》，原爲梵文，不過內容是佛名、願文、偈文、誓文等。

Question 03

# 佛教咒語和咒術有何不同？

西方魔幻電影或中國鬼怪電影裡，常會出現法師持咒鬥法的畫面，讓人誤以爲持咒的功能就是斬妖除魔。其實，不論是西方魔法師、巫師、靈媒或中國茅山道士，他們所用的咒語法術，都截然不同於佛教法師，而佛教使用咒語的目的，自然也非爲一較法力高下。

## 佛弟子不能用咒術謀生

佛陀時代也有咒術師皈依佛教，成爲佛弟子，但是不會再使用咒術謀生。而在中國民間，常爲符咒並用，符是用筆畫的符號，代表特定神明的靈力，由所謂民間信仰的符咒力達到驅邪、避凶、趨吉的目的。

（梁忠楠　攝）

# 以持咒為修行方法

咒術往往需要召喚鬼神，借用其力量達到祈福消災或是詛咒降災，帶有迷信色彩與風險。佛教徒持咒，主因持咒有助持戒、修定，能讓人產生慈悲心和智慧力，所以能夠去執著而消業障。因此，咒術需要仰仗外力，容易與煩惱欲望糾纏不清，佛教咒語則重視自力修行的努力，希望能清淨煩惱，解脫自在。

Question

04

# 佛陀原不許弟子持咒，爲何後來同意？

佛教爲何會有咒語呢？經典中多處記載，佛陀不許弟子學習咒術，認爲咒術不能斷除煩惱，對解脫生死無益；也不許僧衆利用咒術來顯神通，並獲取供養，因爲那非「正命」，不是正當如法的工作。但《雜阿含經》中，卻記載了佛陀教弟子防治毒蛇的咒術，爲何會如此呢？

## 佛教最早的咒語

佛陀的弟子，優波先那尊者在王舍城附近的蛇頭巖修行，那裡常有毒蛇出沒。當優波先那獨自在山洞中專注修行時，一條毒蛇咬傷了他，他立即向也在附近修行的舍利弗尊者大喊求救。舍利弗聽到後，立即趕到洞內救人，但優波先那還是不幸毒發身亡了。

隨後，舍利弗去見佛陀，告知優波先那被蛇咬身亡。佛陀感慨道：「若優波先那能事先持誦此咒，便能避免蛇吻而不會毒發身亡。」並說了一段咒語。《雜阿含經》卷第九的二五二經的這則防治毒蛇咒語，據說便是佛教最早的咒語。

## 持咒防蛇只是權宜之計

在原始佛教的自然環境裡，持咒防蛇是一種自保的權宜之計，我們不能因此誤以爲只要持咒便能防蛇或治百病，還是要做好防護的安全準備。若一旦不幸爲蛇咬，必須趕緊送醫，接受醫師的治療。

Question
# 05
# 佛教咒語爲何能普及發展？

佛教不強調神通，而充滿神奇傳說的咒語，爲何能成爲佛教的修行方法，並隨著佛法的興盛而普及各地呢？

## 音聲佛事助大乘佛法普傳方便

原來，在佛教發源的印度，咒語一直存在，婆羅門教的《吠陀》經典裡便有許多遠古讚歌，這些即是最早的咒語。佛陀成立僧團後，爲避免弟子誤用咒語謀生，原本禁止僧眾學咒，但是後來允許僧眾爲護身或治病而持咒。但是，佛教認爲持咒是一種修持的方法，幫助持戒、修定，是過程而非目標。

爲讓大乘佛法普及民間，所以唱字母、稱佛名、誦經、持咒等音聲佛事，特

（李耘廣　攝）

別盛行。然而中國佛教，早期並不重視持咒，直到宋朝始因四明知禮大師的提倡而普及。晚至明末的《禪門日誦》課誦本裡，才開始收錄許多咒語。之後，咒語便成爲中國寺院與信眾普遍的定課。

## 持咒感應事蹟多

漢傳佛教雖不重視持咒，仍有以此聞名的僧人，如後趙佛圖澄法師「善誦神咒，能役使鬼物」，因此後趙皇帝石勒每遇國家大事，必請教他的意見；唐代神智法師持念〈大悲咒〉救人無數，被尊爲「大悲和尚」。

日韓佛教因是從中國傳入，持咒情況與漢傳佛教相似，也是密教比較重視持咒，並流傳著許多〈藥師咒〉的感應事蹟。佛教傳至西藏後，持咒變成西藏密教的重要修行法門，藏人生活離不開咒語。持咒可說是最基本的修行功課，不過需要經由上師灌頂與口授，因此讓持咒增添幾分神祕色彩。

而隨著現代傳播媒體的發達，學咒十分便利，甚至有許多運用咒語創作的音樂與藝術，讓非佛教徒也喜歡持誦佛教咒語，在忙碌生活裡用以沉澱身心。

Question

06

# 持誦咒語有何好處？

任何一種咒語，只要修持如法，持之以恆，都具有極大的感受。主要是因持咒也能持戒、修定，產生慈悲心和智慧力，幫助人放下執著，從而消除無明煩惱，感通諸佛菩薩的本誓願力。

## 持咒具有廣大無邊的功德

不論是持咒或課誦佛經，都具有無量的功德。例如《大悲心陀羅尼經》，便明確記載持誦〈大悲咒〉，可得十五種善生，不受十五種惡死。

不受十五種惡死，包括：

一、不令其飢餓困苦死。

二、不爲枷禁杖楚死。
三、不爲怨家讐對死。
四、不爲軍陣相殺死。
五、不爲犲狼惡獸殘害死。
六、不爲毒蛇蚖蠍所中死。
七、不爲水火焚漂死。
八、不爲毒藥所中死。
九、不爲蠱毒害死。
十、不爲狂亂失念死。
十一、不爲山樹崖岸墜落死。
十二、不爲惡人厭魅死。
十三、不爲邪神惡鬼得便死。
十四、不爲惡病纏身死。

十五、不爲非分自害死。

得十五種善生，包括：

一、所生之處，常逢善王。
二、常生善國。
三、常值好時。
四、常逢善友。
五、身根常得具足。
六、道心純熟。
七、不犯禁戒。
八、所有眷屬，恩義和順。
九、資具財食，常得豐足。
十、恆得他人，恭敬扶接。

十一、所有財寶，無他劫奪。
十二、意欲所求，皆悉稱遂。
十三、龍天善神，恆常擁衛。
十四、所生之處，見佛聞法。
十五、所聞正法，悟甚深義。

## 持戒清淨、入定開慧

一般民間咒語的功效，多爲祈求現世利益，像是陞官發財、治病延壽、趨吉避凶等，佛教咒語的功德不可思議，不但能護佑現世平安吉祥，助人往生佛國淨土，更能讓人明心悟道，成就佛道。佛教咒語非一般咒術，能成爲修學戒、定、慧三學的資糧，是因爲它不靠鬼神的力量，讓人能透過持咒清淨自心，進而學佛菩薩發起無上菩提心，轉無明爲光明，將生死業力轉爲度眾願力！

Question 07

# 什麼是咒願？

咒願是接受供養後的迴向，也稱祝願。

## 祈福的吉祥話

依佛教律制，僧人在接受飲食供養後，要爲施主祈福，說法後也要迴向，佛陀時代的印度將祈福的吉祥話稱爲「咒願」。例如佛陀在最初成道，接受商人供養後，即咒願迴向：「所爲布施者，必獲其利益；若爲樂故施，後必得安樂。」這即是〈結齋偈〉的由來。

## 帶來祝福和法喜

原本咒願不論梵語或巴利語，都有其意涵，但在流傳到其他地方後，只保留

（梁忠楠　攝）

音聲，變成就像咒語一樣。印順長老說：「咒願，只是隨事而說吉祥的願詞，滿足布施者的情感，本沒有神祕的意義，與中國佛教法事終了所作的迴向頌相近。」

祝願後來廣爲用於說法、婚喪等事。由於喪亡、生子、新舍落成、商人遠行、結婚、出家人布施等六事的需求不同，而有不同的祝願詞。透過這些咒願迴向，能爲施主帶來祝福和無限法喜。

Question

# 08

# 念佛、持咒有何不同？

念佛與持咒都是有助於持戒、修定的修行法門，本質上並無不同，只不過繁簡、難易程度有所不同。例如李炳南老師於《淨土法門疑難問題解答》一書指出，持誦〈往生咒〉和「阿彌陀佛」佛號的功用沒有什麼差別，都是通達一心不亂的正因，只是有難易度的差別。

## 佛號也等同於咒語

有些佛菩薩聖號保留了梵文原來的音色、音韻，如「釋迦牟尼佛」和「阿彌陀佛」，雖然都是佛號，卻也等同於咒語。持咒的方法與功能，與「持名念佛」類似，強調口誦、耳聽、心惟，身、口、意三業相應，這樣持咒才能真正得力。

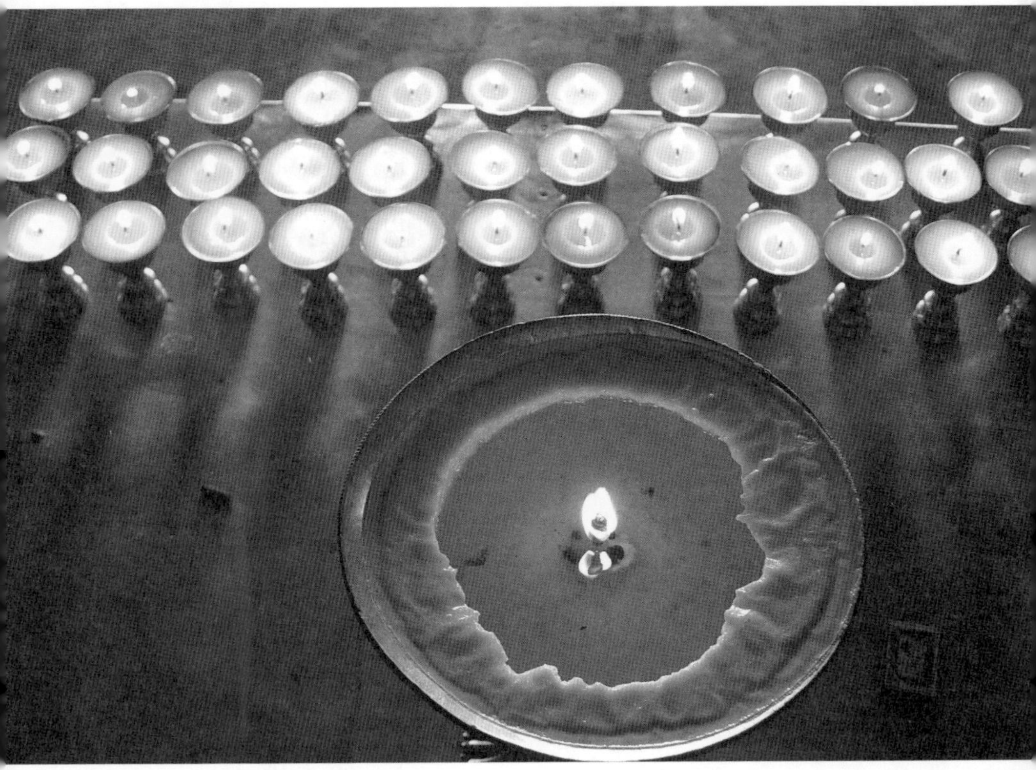

（李蓉生　攝）

## 根機有別，各有相應

至於念佛或持咒哪一種修行方法適合自己？念佛與持咒功德平等，無有高下，只是每個人修持佛法的根機有別，各有相應，有些人喜歡持咒，有些人喜歡念佛，但修持的宗旨都在於一心不亂，進而開發智慧。

Question 09

# 咒語有哪些常見別稱？

咒語是不能以言語說明的特殊力量祕密語，爲祈願時所唱誦的祕密章句。「咒」原作「祝」，爲祈求息災、增福而誦念的密語。

咒語有很多別稱，常見者如下。

一、**眞言**（mantra）

意指如來的言語眞實契理，全無虛妄。眞言是密教「身、語、意三密」的語密，即「眞言祕密」。

二、**陀羅尼**（dhāraṇī）

爲梵語 dhāraṇī 的音譯，意譯爲總持、能持、能遮，即能總攝憶持無量佛法而不忘失的念慧力。換句話說，陀羅尼即爲一種記憶術。眞言的一字、二字或數字，不論字數多寡，每一字都能總攝任持無量教法義理，讓持咒者能消除一切障礙，得到無邊利益。

三、**明咒**（vidyā）

「明」字的梵語爲 vidyā，爲「無明」的對稱。意指咒語能破除一切黑暗的無明煩惱，產生光明的智慧威力，讓身心皆得圓明清淨。

**四、神咒**

意指持咒能引發神通、消除災患，與世間咒術的神驗有相似處。

（梁忠楠　攝）

Question

10

# 咒語為何不翻譯？

唐代玄奘大師於譯場中提出「五不翻」，意即當梵語譯為漢語時，有五種情形不做意譯，直接使用音譯，保留其原音。如《翻譯名義集》所說：「唐奘法師論五種不翻：一祕密故，如陀羅尼；二含多義故，如薄伽梵具六義；三此無故，如閻淨樹，中夏實無此木；四順古故，如阿耨菩提，非不可翻，而摩騰以來常存梵音；五生善故，如般若尊重，智慧輕淺。」

## 佛菩薩的密碼

咒語，正屬於此五大項「不翻」狀況的陀羅尼。為什麼不翻譯呢？

因為咒語是祕密語，是獨樹的密碼，含藏每一尊佛菩薩修證的心髓。同時，

（李蓉生　攝）

也是音聲法門，能直接透過音聲的共振與佛菩薩相應、共感，是直達諸佛菩薩的通訊系統。

## 無法代表全貌

陀羅尼的每一個字、每一個音，皆含藏無量義。由於一個字會有多種意涵，因此無論翻出哪一個字，皆只是一部分，無法涵蓋全貌與深廣的指涉。因此，翻譯無法完整表達其法義，因而，不翻，始能周全含攝所有。

所以，歷來咒語都保留梵文原音，但也由於直接譯音，自然隨著各地區的口音、習慣與表達的不同，會有些微的誤差。然而，只要一心專注，虔心持誦，誦至一念不生，內在自能安定祥和。持咒貴在持之以恆，念念相續，不忘不失。每一次的持誦，都要眞誠地呼喚與祈請。

Question

11

# 可以只靠持咒來修行嗎？

持咒是修行的入門方法之一，但是不能成爲根本法門，修行必須解行並重，戒、定、慧三學兼修。

## 持咒心清淨

持咒能讓人專注，收攝散亂的身心，進而產生定的力量，可以說，所有修行法門都是要人先調整身心，才能精進修行而得力。持咒應該先使心清淨，心咒一如，如此持咒必然有效。如同念佛般，最後達到淨念相繼與佛相應。心咒一如就是只有「念咒」這唯一專注的念頭之外，沒有任何其他的念頭了。其他的念頭都被稱爲妄念。咒從心出，不持自持，時時刻刻如此，就是「持咒三昧」。

（張晴　攝）

## 選擇相應法門求深入

但是持咒後，仍要選擇一個相應的法門來深入，才不會只停留在定境裡，而能開智慧得解脫。例如念佛，進而要修持淨土法門或禪淨雙修。而持咒，可根據與自己相應的咒語，進而深入了解，如有人持〈大悲咒〉，可進一步深入修持觀音法門；持〈楞嚴咒〉進一步研讀《楞嚴經》，可找到與自己相應的法門。持咒也可以是禪修的前方便，待身心安定後，修行會更得力。

Question

# 12

# 咒語的基本結構爲何？

當我們開始持咒，會發現有幾個詞組常在咒文中出現，例如南無、唵、怛姪他、娑婆訶等。其實，咒語雖短，也是有起、承、轉、合的結構，猶如一篇蘊涵意義，而且優美的祈願文或祝禱文。

咒語的內容通常與佛菩薩的本誓願力有關，有時是名號，有時是特勝，有時是持物，並在最前面加上皈敬語，後面加上祈願祝禱詞和結尾。

咒語依文字意義可分三類：

1. **有字義型**：咒語的每一個字都有確定意義。如〈藥師灌頂眞言〉、〈往生咒〉。

2.無字義型：咒語內容只取音聲的效果，無字義。如〈文殊五字咒〉。

3.綜合型：以上兩種的綜合，咒語內容部分有意義，部分只取其音，這種音譯、意譯混合的方式，在咒語中並不多見。如〈大悲咒〉、〈十一面觀音咒〉。

咒語的形式有種子字、心咒、長咒，種子字是以一個梵字代表一位佛菩薩或天王等；心咒可說是咒語的核心，是從長咒中提煉出的精華；至於長咒，則是佛菩薩最完整的願文。

## 基本格式

一個形式完整的咒語，通常包含五個部分：1.皈敬文；2.即說咒曰；3.咒語中心內容；4.祈願祝禱文；5.結尾文。以〈藥師咒〉為例：

1. 皈敬文：曩謨薄伽伐帝。鞞殺社。窶嚕薜琉璃。鉢喇婆。喝囉闍也。怛他揭多也。阿囉喝帝。三藐三勃陀耶。
2. 即說咒曰：怛姪他。
3. 咒語中心內容：唵。鞞殺逝。鞞殺逝。
4. 祈願祝禱文：鞞殺社。三沒揭帝。
5. 結尾文：娑訶。

## 關鍵字

此外，咒文中有幾個關鍵字，對於了解咒語結構很有幫助，是持咒時不可不知的：

1. namo：南無、曩謨、皈依、歸命，後面常接皈依禮敬的對象。佛教的咒語一般都以皈依爲開始。
2. om：唵、嗡，被視爲宇宙的聲音，也有集中身心的警覺義。是咒語中心

（梁忠楠　攝）

內容段最常見的起始句。

3. tadyata：怛姪他、怛地夜他，玄奘大師譯爲「即說咒曰」，表示即將進入咒語核心。

4. svaha：莎訶、梭哈、娑婆訶、蘇婆訶、莎縛訶、薩婆訶、窣縛訶、娑囀賀；意味成就與吉祥如意，是咒語最常見的結語。印順長老認爲「薩婆訶」一句，類似耶教禱詞中的「阿門」，道教咒語中的「如律令」。

理解咒語的基本結構後，無論是持誦或記誦，都會格外得心應手。

Question 13

# 中國祖師有自創的咒語嗎？

普庵禪師（西元一一一五—一一六九年）是南宋臨濟宗的高僧，有許多祛災除病的靈驗教化故事普爲流傳。其中，普庵禪師自創的〈普庵咒〉，且不說消災解厄、逢凶化吉效力，單只是能讓蟲、鼠、蚊、蟻自動遠離，便讓人不禁嘖嘖稱奇。

## 普安十方，安定叢林

精通梵文的普庵禪師，將梵文拼音爲〈普庵咒〉後，因其具有「普安十方，安定叢林」的神力，寺院每逢農曆初一、十五日，必定持誦。明朝的雲棲袾宏禪師（西元一五三二—一六一二年）將〈普庵咒〉編入《諸經日誦》，清朝道光年間刻印的《禪門日誦》也收錄本咒。

（李蓉生　攝）

## 古琴名曲天下傳

〈普庵咒〉的結構非常嚴謹，容易記誦，是由許多單音參差組合，構成一個自然的旋律。由於〈普庵咒〉音聲流暢，節奏規整，不但人聲誦唱極為動聽，也易為器樂演奏，所以成為了古琴名曲。〈普庵咒〉琴譜又稱〈普安咒〉或〈釋談章〉，迄今傳唱不絕。

Question 14

# 持咒眞能與佛菩薩感應道交？

一般人持咒的動機，都是因爲崇敬佛菩薩，希望感應佛菩薩。特別是在徬徨無助的時候，總期望透過誠心持誦佛菩薩咒語，能感得慈悲護佑，順利平安化解困難。

## 符合因果、因緣法則

衆生有所「感」，佛菩薩即有所「應」。當人們能夠如法依願祈求，符合因果、因緣法則，確實能如願感應。但是咒力並不等於完全依賴佛菩薩力量，自己也必須努力。我們不能提出不合因果的願望，例如長生不老、一夜致富，或是冀望佛菩薩能直接幫助我們解決問題。

## 如法的祈求

如法的祈求是希望佛菩薩，讓我們能透過持咒調心，沉澱煩惱不安，智慧地做出正確選擇，找到可以努力的方向。例如負債時，不應祈求觀音菩薩讓自己搖身變成億萬富翁，但可祈求菩薩幫助自己勇於面對、接受、負債的問題，而能安定不慌張，再透過合法安全的方式順利找到工作，努力賺錢以還債。如果能學習菩薩發大願，受苦受難後，不但能知苦、離苦，還能發願自己有天有能力，可幫助類似自己遭遇的人們離苦得樂，發如此的菩提道心，更能感應道交。

因此，佛菩薩的悲願雖然顧念著眾生，慈光普照著眾生，我們自己除要有眞誠信願，仍然必須廣集福報與智慧的資糧。這樣的信仰不但免於變成迷信，也能起正知、正行，成爲正信的佛教徒，眞正與佛同行。

（梁忠楠　攝）

# 2

# 持咒有方法

Question

# 15

# 如何選擇適合自己的咒語？

建議初學者可以針對自己的修行法門，選擇相應的咒語來持誦。

## 依修行法門持咒

例如許多淨土法門行者會持〈往生咒〉；修觀音法門者，多持〈大悲咒〉、〈觀音靈感眞言〉、〈六字大明咒〉；修藥師法門者持〈藥師咒〉，修地藏法門者持〈滅定業眞言〉。對於沒有固定修行法門者，聖嚴法師常教人持〈準提咒〉與〈大悲咒〉。

## 心誠則靈

至於常常有人會問：「持哪個咒最靈驗？」其實，咒語是諸佛菩薩功德與願

（李蓉生　攝）

力的歸納總結，都具有一定的功能與效果，即所謂「佛佛道同」。例如，平時持〈大悲咒〉，助念時也可持〈大悲咒〉，並不一定要另外持誦不一樣的咒。

各種咒語雖然看似不同，實則萬法歸一，最重要的是與心相應。

Question

16

# 持咒要貼符咒護身、護宅，免被咒力傷害嗎？

有的人認爲如果持咒不先用咒語結界，或是貼符咒保護自身與居家環境，可能會有被鬼神附身或侵入家宅的風險。

## 以法相會，光明吉祥

佛教咒語並非勾招鬼神的法術，而是一種修行的方法，能助人遠離貪、瞋、癡種種欲念，與戒、定、慧一心契合，化解心中陰鬱，帶來光明吉祥。持咒不求個人陞遷發財，也不爲報復而詛咒害人，因此只會與佛菩薩與護法，以法相會，感應道交，當然不會招來殺氣騰騰的凶神惡煞。

## 心淨國土淨

佛法認爲心淨則國土淨，不論以清淨心持咒，或持咒恢復清淨心，都是最佳的灑淨方式。要相信自己所持之咒，即是諸佛菩薩的解脫妙法；自己所在之處，即是福慧平安的人間淨土。

有些非佛教的邪惡咒術，例如下降頭，可能會有反噬效果，施咒者反而自傷其身。佛教持咒目的爲「上求佛道，下化衆生」，只會自利利人，不會自傷傷人。持咒結束時的迴向祝福，能爲世界帶來光明的力量。

持咒的心力堅定，自能以佛法護心，百邪不侵。持咒修行，是希望學佛修心，並非爲了用咒力驅除鬼神。面對修行所遇的障礙，佛法勉勵人應常常慚愧懺悔，多多培福廣結善緣。

（李蓉生　攝）

Question

17

# 持咒需要準備很多道具嗎？

在家居士持咒是用功自修，如非修學密咒，至多只需要咒語法本與計數念珠。如已熟記咒語，方法不採計數，則只要專心用功即可。

## 法會共修才需要準備法器與供具

因此，不需要像寺院舉辦水陸法會、梁皇寶懺等法會時，準備各種梵唄法器，以便大眾共修；也不用準備祈請、修法、供養等儀式所需的法器或供具。

至於民間一些信仰，不管是驅鬼治病的符咒，或是鎮宅化煞的其他道具，自然都是不需要的。不必花費巨額布置壇場，或是請購金、銀高價法器，保持環境整齊清潔即可。

## 莊嚴的心是最好的供養

佛教持咒不爲謀生營利之計，而是爲提昇自己的生命品質，以莊嚴的心持咒，即是對諸佛菩薩最好的法音供養。

（梁忠楠　攝）

Question

18

# 正確的持咒心態爲何？

佛教咒語既然是諸佛菩薩的本誓願力，我們也應該與佛菩薩心連心，即心即佛，以這樣的態度來持咒。

## 了解持咒心法

在《大悲心陀羅尼經》裡，大梵天王曾向觀世音菩薩請教大悲心陀羅尼的形貌狀相，讓人得以了解持咒心法。

觀世音菩薩因此慈悲開示〈大悲咒〉十心，明確指出修心的要領：「大慈悲心是，平等心是，無爲心是，無染著心是，空觀心是，恭敬心是，卑下心是，無雜亂心，無見取心是，無上菩提心是。當知如是等心，即是陀羅尼相貌。汝當依此而修行之。」

## 依十心用功

佛佛道同，不但持誦〈大悲咒〉可以此十心用功，其他咒語也可依此修心，調伏煩惱，開啓智慧：

1.大慈悲心：拔苦予樂的心。
2.平等心：不偏私的心。
3.無為心：不造作的直心。
4.無染著心：清淨自在心。
5.空觀心：能觀緣起性空的智慧心。
6.恭敬心：對待眾生如佛般敬重。
7.卑下心：謙卑不驕傲的心。
8.無雜亂心：專心。

（鄧博仁　攝）

9.無見取心：斷除執著的觀念煩惱，不起顛倒妄見。

10.無上菩提心：成就佛道的心。

如能以此十心持咒，必能與諸佛菩薩心心相印。

Question 19

# 持咒有哪些基本流程？

如非修持密咒儀軌，持咒的定課流程與環境需求，都與一般定課一樣的，簡單、莊嚴是最重要的。

## 先調整身心狀態

建議做持咒的定課時，不要太過心急持咒，可以先禪坐數分鐘，放鬆身心以收心、攝心。或是在持咒前，不妨先做三次深呼吸，幫助自己調身、調心、調息。如此可以避免頭腦緊張，而妄想紛飛不斷。等待身心安定後，再持咒用功，效果會事半功倍。

# 口誦、耳聽、心惟

如果持誦的是佛菩薩的咒語，可在持咒前先念三遍佛號或菩薩聖號，然後再持咒。持咒時的身體要放鬆，呼吸要和緩，但是精神要集中不放逸，口誦、耳聽、心惟，身、口、意三業相應。要用心持咒，清清楚楚念出與聽見每一個咒音，切莫只是追求數字，而未踏實持誦，含混而過。

圓滿持咒後，迴向與否皆可。通常在早晚課或法會共修後，都會迴向，因爲迴向是一種願力，也是一種祝福，我們的願力可以改變自我，也可以改變周邊環境。在個人持咒做定課時，可以將持咒的功德迴向給特定的人、事、物，也可以迴向給一切衆生。

Question

20

# 持咒有場地與時間限制嗎？

持咒並沒有時間或場地的限制，一天二十四小時，一般人除了睡覺外，無論何時何地皆可持咒，沒有什麼禁忌。古時候，許多高僧大德在睡覺時也在念佛、持咒，已達到無念而念、不持而持的境地了。

至於洗澡、如廁是否有持咒禁忌限制，會不會對佛菩薩不敬呢？建議可在心中默念咒語，繼續保持用功不中斷，以莊嚴的心護法。半夜持咒，主要需要留意的是，不要打擾家人睡眠，並不需要擔心會招引鬼神等問題。如果是走夜路不安心，也可以持咒幫助自己安心。

## 設定目標好用功

固定做早晚課的人，可能每天都會持誦〈大悲咒〉、〈楞嚴咒〉與〈十小咒〉。另外，也可固定持念一種咒語當成定課，如〈藥師咒〉、〈準提咒〉等；或是再爲自己設定一個目標，例如要圓滿一萬次、十萬次或百萬次等。

## 宜定時、定量

持咒時間可依自己情況，如能定時、定量最好。許多人善用搭車、走路時持咒，也是很好的方式。也可以在禪坐前先持咒讓身心先沉澱；待心專注後，再進行禪坐，可以減少妄念，更容易用上方法。

（鄧博仁　攝）

Question

21

# 持咒必須經由上師灌頂嗎？

無論顯教、密教都有咒語，所以持咒並不一定就是修習密法。

灌頂是修學密法的先決條件，但是顯教咒語並非密法，所以持誦顯教經典的咒語不需要請上師灌頂，比如《心經》、《藥師經》的咒語，或如《朝暮課誦本》必誦的〈楞嚴咒〉、〈大悲咒〉、〈十小咒〉、〈往生咒〉等，都不需要灌頂。

所謂咒語的密付、密傳，是指被藏傳佛教列為高層次的密法，如瑜伽部、無上瑜伽部密法，有其一定的儀軌和修法程序，特別重視上師對弟子的心法引導，所以需要師師相傳，持誦一般的咒語則不需要。

（李耘廣　攝）

Question

# 22

# 持咒有哪些方式？

持咒有很多種方法：

一、**計數念誦**

使用念珠或計數器，誦一遍記一次，從一數到十或百、千、萬，主要是爲讓心不散亂，計數念誦有助初學者排除雜想妄念。

二、**計時念誦**

如果不計數，改以每天定時專注持咒十五分鐘至半小時，也很適合初學者，幫助養成做定課的習慣。

### 三、出聲念誦

兩耳專注地傾聽自己聲音，聲量不用太大，自己能聽見即可。誦時的速度不急不緩，經由自己專心聽念誦聲，能排除雜念，集中意念。

### 四、心意念誦

即是默誦，不出聲。由於這一種念誦方法，如果持咒者本身不容易專注，很容易引起昏沉，建議可以不出聲默誦，但是脣舌保持彈動，較能保持清醒。

### 五、眞實念誦

誦咒時，心中思惟咒的涵義，讓心與法相應，即所謂的口誦、耳聽、心惟，三者合一，得眞大力。如果只是口誦眞言，而不思惟其義，很難開啓心的智慧，在修行上進步成長。

Question

# 23

# 如何熟記咒語？

如何才能熟記咒語，讓持咒更順暢呢？方法如下：

一、**反覆誦念**

看著咒文並反覆誦念，將咒文與音聲印在腦海裡，時日一久，自然可以記住，但需要的時間也比較久。

二、**了解字義、斷句**

如能了解咒文的意義，加上清楚掌握斷句，對背誦咒語十分有用，例如〈藥師咒〉中的「唵。鞞殺逝。鞞殺逝」，即是「唵！藥！藥！藥！」；「鞞殺社。三沒揭帝」是「藥生起來」。

## 三、諧音、圖像記憶

咒語是「五不翻」之一，用來發音的漢字流傳並不常見，背誦起來確實有點困難，如能運用諧音或圖像幫助記憶，印象深刻，自然很快記住咒語。

## 四、簡易羅馬拼音

除了用諧音記憶，只要會簡單的英文，就能使用簡易羅馬拼音來學習。因爲簡易羅馬拼音近似梵文發音，很適合用來記誦咒語，也比用不同語系的漢語單字或日文假名拼音來得正確。簡易羅馬拼音比較容易念，尤其在背誦長咒時，比起使用漢音死背硬記來得省力。

## 五、唱誦

透過自己唱誦或聽人唱誦的方式來背誦咒語，也不失爲一種好方法，就像記歌詞，如果本身會唱，歌詞自然就容易記住。許多人對音聲法門特別相應，現在

（鄧博仁　攝）

也有很多以咒語爲主題的佛教音樂，接引許多人學會咒語。

熟記咒語的方法有很多種，可以自由靈活運用，幫助我們學習。

Question

24

# 持咒要打手印嗎？

手印即是印契、密印，密教認爲諸佛菩薩皆有本誓，常以兩手十指或某一特殊身勢動作，顯現種種相，爲本誓的印契。

修密的要領爲「三密相應」：口持眞言、手結印契、意作妙觀。由於結手印，能幫助修行者感受與佛菩薩的力量合而爲一，所以密教持咒會結手印。

學習密教的手印，需要由上師傳承親授。但是有些手印是顯教、密教共通的，所以不需要經由上師灌頂傳授。不過，修持顯教的咒語，並不需要打手印。

Question 25

# 持咒一定要懂咒文內容才有效？

持咒貴在心念，即使不懂咒文內容也有效。聖嚴法師曾以〈大悲咒〉爲例指出，咒語本身即包含了菩薩的功德、願力與加持。所依據的即是「一種聲音的感應」，因此，特別保留梵文的原音。

咒語，在梵文中，並不止於聲音，而有它自身的意思，而且意思並不單純，不能一句直譯成另一句，通常涵蓋多重的意喻。因此，如能了解咒語的內容意義很好，對於觀想佛菩薩的願力、功德會很有助益；如果不能，也不必爲此罣礙。

因爲咒語本身即是一種「聲音感應的法門」，修持者僅要循著梵文的發音，精勤持誦即可。不妨爲自己設個定限，日日持誦，滿限爲止，做爲修持的準則。

Question

# 26 發音不正確，會影響持咒的功德嗎？

持咒發音不正確，並不會影響功德；一切取決於持咒者的心念，以至誠心與信心持誦，比發音正確與否更重要。咒語最初是梵語發音，隨著佛教傳布到不同地區，而有了藏音、漢語等不同的發音，但這並不影響咒語本身的涵義與功德。

## 專一虔誠得感應

有一則關於持咒的故事。古時候有位老婦人長年累月持誦〈六字大明咒〉，一位修行有道的法師路過，從遠處看到滿屋放光，認爲此處定有高人；進屋一看，原來是一位不識字的老婦人長年持誦〈六字大明咒〉，還一直把「吽」念成了「牛」。法師好心糾正了婦人的錯誤，但等他離開後，回頭再看老婦人的屋子，卻看不到放光了。

原來老婦人聽了法師的話以後十分懊悔，認爲自己念錯咒語，多年的修行全都白費，結果持咒分神，無法專一，也失去感應。法師知道其中緣由以後，就再進屋告訴老婦人，是自己記錯了，老婦人念的才是正確的，只要按照以往所念的音繼續持念就好。法師出門再看，老婦人的房子又大放光明。

由此可見，持咒貴在內心的虔誠，一心專注，自然能感受到定靜安和。

## 補念〈補闕真言〉

如果持咒時，怕發音不正確或有所缺漏，難以安心，持完咒後，可以再補念三遍〈補闕眞言〉，讓持咒更加圓滿，免除心中罣礙。

（梁忠楠　攝）

# 3

# 不可思議的咒語

Question
# 27 〈六字大明咒〉是什麼？

〈六字大明咒〉「唵嘛呢叭彌吽」，也稱〈六字眞言〉，可說是所有咒語中，流傳最普遍，而且幾乎不分宗派、種族、男女老幼皆能朗朗上口，其影響和重要性可見一斑。

## 出處與意義

北宋太平興國年間，密教僧人天息災法師譯出《佛說大乘莊嚴寶王經》，首度將〈六字大明咒〉介紹到中國。經中記載觀音菩薩爲救度衆生，而入大阿鼻地獄，結果地獄頓時轉爲清涼，光明遍照，除蓋障菩薩見此瑞相便請佛陀說法，佛陀因而說出本咒，並指出：「此六字大明陀羅尼，是觀自在菩薩摩訶薩微妙本心，若有知是微妙本心，即知解脫。」此即〈六字大明咒〉做爲觀音菩薩心咒的因由。

經中並說，若常誦持此咒，不但可以辯才無礙，獲得清淨智、大慈悲，具足六波羅蜜圓滿功德，還能感得九十億恆河沙數如來、菩薩，以及天、龍、藥叉等護法神護佑，除滅一切業障等利益。

「唵嘛呢叭彌吽」雖然只有六個字，卻蘊涵觀音菩薩光明圓滿、妙用無盡的慈悲與智慧：

**嘛呢**：是「摩尼珠」珍寶，象徵救度一切眾生出離苦難的菩提心。

**叭彌**：是「蓮花」之意，意謂智慧，與「嘛呢」合稱為「蓮花中的珍寶」。

依此持咒，便是提醒自己像蓮花一般清淨，出淤泥而不染，從日常生活的起心動念處著手，保持心的清淨、平等、自在，便是在智慧中開展慈悲。

## 影響與流傳

〈六字大明咒〉傳入中國的時間雖然短暫，但隨著觀音信仰在漢地大為流行，元朝以前，在藏經中尚未見到任何文字紀錄，到了明末清初卻已收錄於《禪門日課》，成為佛門朝暮必誦的咒語。

除了漢地，〈六字大明咒〉也是藏傳佛教最為風行的咒語之一。西藏地區常以法輪取代念珠，藏人還將咒語刻於石頭、木片，或寫在風馬旗上，或刻在轉經輪上，一面持誦、一面迴轉，無論在偏遠山區、草原上，每個信徒的手上都持著小小的法輪，念念不離「唵嘛呢叭彌吽」。

對藏傳佛教徒來說，〈六字大明咒〉不只含攝觀音菩薩無盡加持與慈悲，也是觀音菩薩關閉六道生死之門、利益六道的神咒，因此法輪轉動，也象徵了脫生死輪迴之苦。

（李蓉生　攝）

Question

# 28

# 〈藥師咒〉是什麼？

## 出處與意義

〈藥師咒〉全稱〈藥師灌頂眞言〉，出自《藥師經》，是藥師佛的根本咒，也收錄在早晚課誦的〈十小咒〉中。

根據《藥師經》所載，藥師佛過去行菩薩道時，曾發願要守護衆生的身心，因此當他成佛後，看到衆生飽受各種病苦的折磨，包括消渴、黃疸、傷寒、瘟疫，甚至還有魘魅作祟、怨家下蠱毒，因而造成短命或橫死無法善終，於是便入定說出了〈藥師咒〉。

此咒一開始，先皈依藥師如來，祈求佛力加被，下句從「即說咒曰」開始爲本咒的咒心，意思是用藥治療一切衆生病苦，祈願衆生皆能遠離病苦，安樂自在。

經中特別提到，如果親友生病，可以對著醫藥、食物或淨水，至心持咒一〇八遍，再讓病人服用，便能獲得藥師佛慈悲護佑，所求如願；即便沒有生病，常持〈藥師咒〉也有消災延壽、身心健康、不墮惡趣等利益。

不過，〈藥師咒〉著眼的不只有現世利益、人天福報而已。太虛大師在《藥師本願經講記》中指出，本咒最特別的地方在於，咒心連續以三個「藥」字貫穿，前兩個「藥」是動詞，爲「醫治」之意，而連續兩個動詞並列，便有醫治自病、他病的意涵；換句話說，持咒治病不只希望自己痊癒，還要將此善念、願力，普及於同樣受到病苦磨難的一切有情，如此一來，持咒的當下更能契入藥師佛護念衆生的本願。

（鄧博仁　攝）

## 影響與流傳

〈藥師咒〉自唐代譯出後，由於除病離苦、消災延壽等各種現世利益，旋即在漢地、日、韓、西藏興起一陣風潮。日本皇室對於藥師信仰尤其推崇，例如天武天皇爲祈求鸕野皇后病癒，發願創建藥師寺；而新藥師寺的興建，也是因爲聖武天皇眼疾，光明皇后祈求藥師佛加持，天皇眼疾痊癒後而興建。這些感應事蹟不僅影響日本皇室對佛教的護持，也帶動藥師法門的推廣。

民國以來，太虛、弘一、印順等多位大師也經常宣講藥師法門，並勸持〈藥師咒〉。誦持方式可以一次持滿一〇八遍，如果時間有限，則先持全咒七遍，接著持咒心一〇八遍，最後再持全咒七遍。弘一大師認爲持咒時應回歸《藥師經》所說：「應生無垢濁心，無怒害心，於一切有情，起利益安樂，慈悲喜捨，平等之心。」以悲智爲因，菩提爲果，才是佛法的正道，自然能與藥師佛感應道交。

Question

# 29

# 〈滅定業眞言〉是什麼？

## 出處與意義

〈滅定業眞言〉出自《陀羅尼集經》卷六，原名爲〈地藏菩薩法身印咒〉，由於梵文的原意有摧伏、散滅、粉碎一切罪業、罪障及惡業的意思，因而稱爲「滅定業」。與地藏菩薩相關的咒語多達十數種，但此咒流傳最廣，也最爲佛教徒所熟悉。

本咒是基於地藏菩薩的根本願力「衆生度盡，方證菩提」而說，而有種種不可思議的威力，常持此咒不僅可消除業障、解怨釋結，也能超拔、利益鬼道衆生，改變衆生的共業，逢凶化吉、減少修行障礙，令世間祥和平安、一切豐足。

密教修行者則認爲修持此眞言，可與地藏菩薩的法身相即相入，最終能成就像地藏菩薩一樣的大願功德，度化一切有情。

## 影響與流傳

千百年來，〈滅定業眞言〉隨著地藏信仰在中國廣爲流傳，而誦持最多、推廣最力的，當屬明朝末年的蕅益智旭大師。從蕅益大師的修行心得《靈峰宗論》來看，大師持咒的高峰期約在三十一歲至三十九歲，光是〈滅定業眞言〉便持了近四千萬遍，除了懺悔過去謗佛的罪業，也祈求滅除自己和大衆的定業。當時明末流寇四起、民不聊生，蕅益大師帶領僧俗四衆於九華山結壇百日，專持〈滅定業眞言〉五百萬遍，以轉化當時的刀兵劫運。

蕅益大師深信〈滅定業眞言〉滅罪消愆的力量，卻面臨不少弟子質疑：「佛教講因果、業力，定業如何滅除？命運眞的能改變嗎？」蕅益大師認爲：「千年暗室，一燈能破。懺力既殷，業便無定。」雖然造業後不可能不受報，然而業力是建立在「緣起」的基礎上。「善有樂報，惡有苦報」是佛教的因果觀，但是從因到果必須有因緣的配合，就像稻米的熟成，有賴播種時節、土壤、除草、施肥等因緣的助成，因此透過持咒、至誠懇切地懺悔，自然能感通地藏菩薩的本誓願力，改變成熟業力的客觀條件，使惡業不再現前。

聖嚴法師在〈重罪輕受和定業難轉〉一文也提醒，掌握命運、改變業力的契機在於心念的轉化，唯有當我們願意放下成見、坦然接受自己過去造作的種種惡業，並且修正自己的言行，如此才眞正「拔除一切業障」。

（梁忠楠　攝）

Question

30

# 〈文殊五字咒〉是什麼？

## 出處與意義

在佛教經典中，文殊菩薩代表諸佛智慧，常以出格的言行，破除一切執著，使人當下契入勝義；文殊菩薩的願心，在於引領一切有情成佛，是學佛路上不可或缺的善知識。

文殊菩薩的咒語衆多，常見的有〈一字咒〉、〈五字咒〉、〈六字咒〉、〈八字咒〉，其中以〈文殊五字咒〉最爲人知，也是文殊菩薩的根本咒。〈五字咒〉是不計咒語的起始字「唵」，以及最後的種子字「地」，中間五字「阿囉跛者曩」，通稱爲〈五字咒〉。

〈文殊五字咒〉的五個梵文字母，取自《華嚴》、《般若》兩類經典的「四十二字門」前五字。「四十二字門」在初期大乘佛法傳布中，具有憶持經典的提增作用，每一個字都能表達一句話或一段敘事，表示以字為門，而能領悟諸法，每個字都能念誦或觀字書寫，用來宣揚般若空性思想。因此，〈文殊五字咒〉的每一個字都總集諸佛智慧。印順法師在《人間佛教》中也指出，大乘法四十二字母即文字陀羅尼，修文字陀羅尼，不但可持誦四十二字，也可念其中五字或某一字，由觀音聲色相而契入法性，與持咒的精神一致。

敘述〈文殊五字咒〉修持方法的經典共有六部，皆屬於密教部經典，一部由中國密教祖師金剛智法師所譯，其餘五部由不空法師翻譯。依據經典，五字陀羅尼總攝一切如來所說法，能令眾生智慧成就；持誦〈文殊五字咒〉的功德，能令罪障消滅，獲辯才無礙，世間與出世間所求皆能成就，離諸苦惱等等。

（梁忠楠　攝）

## 影響與流傳

持誦〈文殊五字咒〉，如同持一切諸佛所說法，持咒等同於修慧，因此佛教徒認為本咒能助人逐漸開啓智慧之門，直到圓滿成佛，尤其在藏傳佛教弘布的地區，幾乎人人都會持誦。除了佛教徒之外，一般社會大眾也把文殊菩薩視為智慧象徵，因此〈文殊五字咒〉也很受大眾喜歡，以求增長智慧，這也是文殊菩薩善巧化導眾生的方便行。

Question

31

# 《心經》咒語是什麼？

## 出處與意義

在佛教經典中，《心經》是文字最精簡、內容最豐富，流通最廣的一部，由於唐朝玄奘大師西行取經多次因持誦《心經》化解危難，讓《心經》消災除障的功能深植人心。

整部《心經》的要義在於，以般若破除我執，照見五蘊組成的身心皆空，若實證空性，便能以深廣智慧超越一切煩惱障礙，如此實踐，則「般若波羅蜜多」本身就是一種咒語。既然般若波羅蜜多具有如同咒語一般的作用，爲什麼《心經》最後還要再添一段咒語「揭諦。揭諦。波羅揭諦。波羅僧揭諦。菩提薩婆訶」呢？

據東初老人的《般若心經思想史》研究，《心經》咒語是般若的護持文，是行般若的正信相續的方法。《心經》最末一段的流通分，包含兩個部分：從「故知般若波羅蜜多」到「眞實不虛」，屬於禮讚文；從「故說般若波羅蜜多咒」到「菩提薩婆訶」咒語完結，則是般若空義的護持文。

認識《心經》之中的咒語，不單只就咒語本身理解，還是要從全經照見五蘊皆空的般若空義來理解，契入經文要義。以密咒形式置於經末，可讓大眾起深解信心，若一心誦持，能協助修行者與般若正信相續，繼而在生活中實踐《心經》的智慧，體悟實相般若。

## 影響與流傳

《心經》是歷代大師講解最多的一部經典，各宗各派都有各具特色的詮釋，顯現《心經》義理的包容性，不僅是一部值得讀誦的經典，更是一部生活修行指南。而隨著《心經》跨越宗教、國界的流傳廣布，經末的咒語也廣為人們熟知。

《心經》咒語的意義與全經的義理一致，皆以智慧為導，協助眾生超越苦及煩惱的此岸，到達解脫自在的彼岸。在漢地，多以持誦整部經文為主；但在密教修持中，向來視「持咒攝心」為引發智慧的前方便，因此，不少修持者單獨誦持《心經》咒語，或將整部經當作咒語持誦。

（鄧博仁　攝）

Question
# 32
# 〈準提咒〉是什麼？

## 出處與意義

〈準提咒〉是佛門朝暮課誦的〈十小咒〉之一，歷來持咒感應故事極多，所以很多人遭遇病苦或修行障礙時，會持咒祈求化解。本咒出自唐朝地婆訶羅法師所譯的《佛說七俱胝佛母心大準提陀羅尼經》，佛陀爲愍念未來薄福惡業衆生，宣說「七俱胝佛母心準提陀羅尼法」，其中的陀羅尼便是〈準提咒〉。

〈準提咒〉：「南無颯哆喃。三藐三菩陀。俱胝喃。怛姪他。唵。折戾主戾。準提娑婆訶。」「準提」的意思是「清淨」，而「七俱胝」則是七千萬尊如來，代表著過去、現在、未來的七千萬尊佛皆曾說過本咒，因此〈準提咒〉是超越時空、含攝一切諸佛菩薩的悲智而來。由於經中提到，誦持此咒可見觀音菩薩眞容，所以漢地又將準提菩薩視爲觀音菩薩。

誦持〈準提咒〉能滅除所有罪障、延長壽命、增進福德智慧，而且生生世世遠離惡趣、持戒清淨，速證無上菩提佛果；即便被鬼魅纏縛、遇上天災疾疫，也能免難消災，功德利益無量無邊。難怪《顯密圓通成佛心要集》認爲，密教以〈準提咒〉最靈最勝，稱此咒爲「諸佛之母，菩薩之命，具包三密，總含五教」。

## 影響與流傳

〈準提咒〉譯出後，在中國和日本流傳最爲普遍。除了是佛教徒每天必誦的咒語之外，許多寺院用餐結齋時也會念〈準提咒〉，這是因爲《佛說七俱胝佛母心大準提陀羅尼經》記載，出家比丘外出乞食時持咒，一來可避免惡人、惡狗惱害，二來可爲布施者祈福。傳到中國，雖然出家人毋須托鉢乞食，但飯後仍持咒爲信施祝福。

（梁忠楠　攝）

此咒在漢地的流行，到明朝末年時達到了巔峰，當時許多知識分子還成立「準提社」持咒共修，其中持咒靈驗最爲人所熟知的，便是《了凡四訓》的作者袁了凡。袁了凡原本是個宿命論者，由於算命師斷言他只能活到五十二歲、官至縣令、沒有子嗣，讓他變得心灰意冷，後來雲谷禪師要他做兩件事：一是行善、改過、謙德，另一個就是持〈準提咒〉。結果，袁了凡不僅活到七十四歲，還生下一個兒子。

持咒竟然可以改變命運，聽起來好像非常不可思議。其實佛教的任何一種修行方法都在求得解脫自在，既然持咒也是爲解脫煩惱得平安，便不應邊持咒邊想著煩惱，應該要把心放寬，憶念起同樣受煩惱、病苦煎熬的人，祈願他們也能解除困境，如此寬心、安定、攝心持咒，慈悲心和智慧心就會像泉水般自然湧現，準提菩薩自然與我們同在。

Question

# 33 〈楞嚴心咒〉是什麼？

## 出處與意義

〈楞嚴咒〉出自《楞嚴經》卷七，稱為「佛頂光聚悉怛多般怛囉祕密伽陀」，全咒二千六百二十字，共有四百多句。「楞嚴」意為「究竟堅固」，佛教徒又稱此咒為「咒中之王」，是漢傳佛教常見咒語中最長的咒。

〈楞嚴咒〉是佛陀為解阿難尊者的劫難而說，經中描述阿難尊者隻身赴遠方應供，來不及趕上波斯匿王的供佛大會，獨自留在舍衛城乞食，城中的摩登伽女對他心生愛慕，於是用幻術把他困在家中。佛陀得知後，放大光明，宣說〈楞嚴咒〉，並遣文殊菩薩持咒前去救護阿難尊者，不正的幻術也被破解。

當阿難尊者與摩登伽女被帶回祇樹給孤獨園後，佛陀應機告知大眾，〈楞嚴咒〉是咒中最精要的「咒心」，十方諸佛持此咒降伏魔事。

聖嚴法師在《學術論考》中指出，持誦〈楞嚴咒〉的功德與〈大悲咒〉不相上下：「持咒之人，火不能燒，水不能溺，大毒小毒所不能害；劫劫不生貧窮下賤不可樂處；縱然未做福業，十方如來所有功德，悉與此人。」不僅如此，〈楞嚴咒〉能令人精進持戒，成就智慧；若造五逆無間重罪，或諸比丘、比丘尼犯了重罪，〈楞嚴咒〉能使所造重業消散滅除，恢復戒根清淨。

〈楞嚴咒〉共分五會，是佛陀入首楞嚴大定時宣說，太虛大師因此認爲，此咒是輔佐修習三昧法門的殊勝助緣。在修持上，若還無法誦出全咒，如《首楞嚴義疏注經》卷七所說，第四百二十句「唵」之後才是正咒，即〈楞嚴心咒〉，在六時精進持咒時，每一時誦〈心咒〉一〇八遍也可以；若能誦全咒更好。

## 影響與流傳

相傳在唐代北宗神秀禪師之後，禪院為祈禱結夏安居期間平安，每日設楞嚴壇持咒，稱為「楞嚴會」，到了宋朝更相沿成習。北宋時天台宗與華嚴宗形成研究《楞嚴經》的風氣，尤其經過華嚴學者長水子璿的註解後，持誦〈楞嚴咒〉就成為禪寺的日課之一。

清朝乾隆年間，續法大師作《首楞嚴經灌頂疏》，是唯一對〈楞嚴咒〉有詳盡釋義的註疏。目前在漢傳佛教寺院的「五堂功課」中，〈楞嚴咒〉和《心經》仍是每日早殿的第一堂功課；寺院持誦〈楞嚴咒〉，即代表佛陀的正法久住。

Question 34

# 〈往生咒〉是什麼？

## 出處與意義

〈往生咒〉一般認爲出自已經失佚的《小無量壽經》，該經是《阿彌陀經》的異譯本。此咒先由天竺僧侶「口傳」到中國，到劉宋時代求那跋陀羅法師，才首度音譯成〈拔一切業障根本得生淨土神咒〉，從此附隨淨土信仰，盛行全中國。

「能誦此咒者，阿彌陀佛常住其頂日夜擁護，無令怨家而得其便，現世常得安隱，臨命終時任運往生。」根據附於咒文之末的文字，持誦〈往生咒〉有四項效驗：一是日夜得阿彌陀佛垂護，二是消除一切業障，三是不爲惡鬼神禍亂，四是來世得生淨土。四項當中，前三項皆著重現世利益。

〈往生咒〉具「拔一切業障根本」與「得生淨土」兩項功德，兼及現世與來世利益，爲什麼焦點卻集中在「往生」的作用上呢？在《阿彌陀經不思議神力傳》、《三國傳記》等持驗傳中，記載梁朝道珍禪師在廬山修持念佛法門，誦《阿彌陀經》求往生西方淨土，由於一直未能應願，之後又專持此阿彌陀根本咒，終於如願往生。此後，廬山念佛法門一派，在念佛、誦經之餘，也盛行持咒，因而應驗往生西方淨土者不在少數，從此成爲通稱的〈往生咒〉。

至於「拔一切業障根本」的作用，明末蓮池大師在《阿彌陀經疏鈔》爲〈往生咒〉釋意：「除障貴除其本，……此咒持之，則煩惱不起，是拔業障根本也。」說明煩惱是業障的因，持咒與持名，念念皆能夠與阿彌陀佛相應，是淨土法門的不思議功德。

（李宛蓁　攝）

## 影響與流傳

〈往生咒〉共五十九個漢字，在近代納入淨土法門專修範圍，通常接在《阿彌陀經》之後持誦。蓮池大師在《阿彌陀經疏鈔》中認為：「以咒附經，經得咒而彌顯；以經先咒，咒得經而愈靈。」說明經咒交相互用，咒總持經文，使得佛法義理更加攝受。

明朝以後，〈往生咒〉被納入〈十小咒〉中，成為佛教朝暮的必修功課，但也有單獨持誦。在阿彌陀佛淨土經典中，原本很少有咒語，〈往生咒〉讓修行者由只追求來生利益，轉向也注重現世利益，對中國淨土法門發展具有重大意義。一般人常被〈往生咒〉的名稱局限，以為此咒只是「祝福往生」的陀羅尼，因此多用於佛事助念場合，或用來祝福亡者得到超度，雖然這也是本咒的功能之一，但全咒不斷讚歎阿彌陀佛和極樂世界的殊勝，更值得淨土行者經常持誦。

Question

# 35

# 〈消災吉祥神咒〉是什麼？

## 出處與意義

〈消災吉祥神咒〉出自《佛說熾盛光大威德消災吉祥陀羅尼經》，是佛教徒每天朝暮課誦的〈十小咒〉之一。根據經文記載，當時釋迦牟尼佛在淨居天，看到各種星宿變怪、天相異端，因而為諸天大眾說法，法名為「熾盛光大威德陀羅尼除災難法」。

「受持讀誦此陀羅尼者，能成就八萬種吉祥事，能除滅八萬種不吉祥事。」根據經文所說，如果國家危急存亡、各種天災地變，或是遇到宿世怨家謀害，以及其他諸橫惡事、口舌鬥亂、咒詛等災難，只要依法在清淨處設立道場，至心受持讀誦此咒一〇八遍或一千遍，無論是一天、兩天乃至於七天七夜，便能轉化、消除一切災難及厄運，此咒功效不可謂不大。

本咒的關鍵字為「扇底迦」，「扇底迦」有息災、平和、柔善、撫慰之意，能讓一切混亂轉為寧靜祥和的狀態，這也是本咒稱為「消災吉祥」的原因。逢凶化吉、消災、治病，是透過持咒以及佛菩薩的願力，幫助我們安心、安身從而度過難關，加強勇氣和毅力來面對現實，而非逃避現實，如同咒語「底瑟奼」所指出的——安住當下，這才能圓滿災難即除、吉祥隨至。

## 影響與流傳

〈消災吉祥神咒〉自唐朝不空法師譯出後曾廣泛流傳，即便是不太使用陀羅尼的禪門也可見到本咒的影子。根據《敕修百丈清規》的記載，祈禱時，寺院皆會嚴治道場，並於殿堂掛上「祈禱牌」，如果是祈晴或祈雨時，便由僧人十個或二十個一組，輪番持咒，包括〈大悲咒〉、〈消災咒〉、〈大雲咒〉，各二十一遍，終日不輟，直到有所感應才算圓滿。〈消災咒〉甚至還與〈大悲咒〉、〈楞嚴咒〉、〈尊勝咒〉同列爲「禪林四大陀羅尼」，其重要性可見一斑。

除了禪宗之外，〈消災吉祥神咒〉也是密教通用的息災法，而宋朝天台宗大師慈雲遵式法師也曾根據《佛說熾盛光大威德消災吉祥陀羅尼經》撰寫了《熾盛光道場念誦儀》，並以〈消災咒〉做爲修法拜懺的主要依歸，彰顯本咒除障消災的功用。

Question

36

# 〈尊勝咒〉是什麼？

## 出處與意義

〈尊勝咒〉出自《佛頂尊勝陀羅尼經》，全稱〈淨除一切惡道佛頂尊勝陀羅尼〉。《佛頂尊勝陀羅尼經》的譯本眾多，以佛陀波利法師的譯本最通行。經中描述在天界的善住天子，得知天福享盡之後，將在人間及三惡道往返，因此急於求教延壽滅罪的方法；善住天子依照佛陀的指導，如法修持〈尊勝咒〉六日夜後，即免除原本應受的惡道等苦，增無量壽，並且得佛陀授記。

〈尊勝咒〉共為三者宣說：一為短命者說；親自持咒，能永離病苦與惡道，聽聞此咒的眾生也同等受益。二是為亡人而說；由親人持咒，能助亡者離苦生天。三為娑婆大眾而說；日日持誦，現世利益皆得圓滿，來世常與諸佛俱會一處。〈尊勝咒〉的殊勝，能消惡業、免地獄、增福壽；兼濟娑婆衆生與亡者，屬冥陽兩利的咒語。

〈尊勝咒〉的修持方式，繁簡皆備，契合不同根性衆生。從繁複的興壇結印修尊勝法，到單一咒語的持誦，便具有「一經於耳，得清淨身」、「臨終須臾得聞，即生富貴家」的威力；甚至書寫於布匹絲帛，懸在高樓或高山，經幢的影像映身、風吹陀羅尼灰塵落在身上，衆生便能得到咒語的加持，消滅一切惡道罪業，是〈尊勝咒〉最殊勝之處。

## 影響與流傳

〈尊勝咒〉是大乘、小乘均使用的咒語，範圍遍及全亞洲。〈尊勝咒〉於唐代最爲盛行，弘傳的普遍度遠超過〈大悲咒〉，在歷代通行的咒語中，唯一由帝王通令全國僧人日日持誦。

（張晴　攝）

取〈尊勝咒〉「塵沾影映」的滅罪功德，中國佛教寺院的單體建築「石經幢」，可說是專為此咒而建，幾乎每座寺院及通衢大道上，都能見到尊勝經幢；又由於〈尊勝咒〉強調破地獄的威勝力，在墓道上或墓地旁也常見，或銘刻、或書寫，用來超度亡者。

然而，使〈尊勝咒〉廣泛流傳的各處經幢，在唐武宗會昌法難中毀滅殆盡。近代一般佛教徒已對〈尊勝咒〉不熟悉，印象通常留在瑜伽焰口儀軌中，最末持誦〈尊勝咒〉圓滿法會，或是用在往生被上最為關鍵的咒文。〈尊勝咒〉如今給人的印象，都和度亡及超度幽冥有關，自利利他的現世利益已較少被提及。

Question

# 37 什麼是〈大悲咒〉？

## 出處與意義

現今漢傳佛教最普遍的〈大悲咒〉，出自於《大悲心陀羅尼經》，此咒是過去九十九億恆河沙諸佛所說，觀世音菩薩在過去千光王靜住如來處聽聞此咒。當時，觀世音菩薩只是初地菩薩，聽聞此咒後，心中寂悅，立刻頓超八地，並發誓弘布，以此咒利益、安樂有情。觀世音菩薩因為虔誠所感，馬上應願，而現千手千眼。

〈大悲咒〉一共八十四句，四百一十五個漢字，涵蓋觀世音菩薩和諸佛菩薩不同的化現、智慧與功德。因為力量強大，靈驗不思議，又稱為〈大悲神咒〉。經中提到，持此神咒，能滌淨十惡五逆的極重罪障，而且「必定滿願」，無論祈求遠離病苦、長壽豐饒、智慧通達，乃至於圓成佛道，願心都能成滿。

## 影響與流傳

和許多漢譯經典一樣，〈大悲咒〉也有許多版本，最盛行的版本是西元六五五年左右，由伽梵達摩法師在于闐國譯出，傳布以來，一直是佛教界盛行的咒語，廣受中、日、韓等國受持，幾乎每位佛教徒都曾經念過此咒，即使是不識字的信眾，也能朗朗上口。宋代的知禮大師根據〈大悲咒〉的核心精神，編成《千手千眼大悲心咒行法》，即知名的懺悔法門《大悲懺》。

〈大悲咒〉的傳布與觀音信仰一樣普及，加上也是佛教徒早晚課都必須持誦的咒，因此堪稱最普遍的佛教咒語之一。歷代佛教長老皆鼓勵大眾日日持誦，經由咒語音聲感應，傳遞菩薩的功德、願力與加持，也學習千手千眼觀音隨機應化的菩薩行，利樂娑婆眾生。

（李宛蓁　攝）

# 4

# 正念持咒最吉祥

Question 38

# 將咒語做成護身符配戴有用嗎？

在現代世界，佛教咒語製成的御守、吊飾深受歡迎，成爲祝福人平安的禮物。即使非佛教徒，雖然不一定知道什麼是〈大悲咒〉、〈藥師咒〉、〈楞嚴咒〉，卻也覺得隨身攜帶佛教咒語護身符，宛如得到防護罩保護，感到特別安心踏實。

在《楞嚴經》中，確實提及可將書寫好的〈楞嚴咒〉，製作成香囊，再將它配戴在身上，或是放在書房中，有類似護身符的功能，能避免一切邪害。看到咒語，就會憶念起諸佛菩薩的功德，自然能感覺平安。人會感到不平安，往往是因心不平安，如同聖嚴法師說：「心安就有平安。」因此，配戴咒語除了得到安心之外，還要進一步持咒，幫助自己更安心，身心安定自在了，自然時時平安，處處吉祥。

（李蓉生　攝）

Question

39

# 念咒與詛咒有何不同？

咒有善咒、惡咒之別。如為人治病，或用於護身，即為善咒；如咒詛他人，使人遭受災害，即為惡咒。不只佛經勸人要遠離惡咒，佛陀也禁止佛弟子修習傷人惡咒，不得以咒術謀生，只允許以咒治病或護身。

## 詛咒必自食惡果

持咒的心，也有善心、惡心之別，以善心念咒，能自助助人，廣結善緣；以惡心詛咒，會自傷傷人，廣結惡緣。詛咒他人或能逞報復他人的一時之快，但是必自食惡果。心中自有難於化解的陰影，人生很難有光明之路。

詛咒是暫時借用鬼神力量，看似得到助力，其實是得到阻力，想要傷害他人，反而自製惡業，障礙了自己的福報。尤其是請神容易送神難，以咒勾招鬼神的結果，自己可能變得人不人、鬼不鬼。

## 超度煩惱，學佛成佛

佛教的咒語是諸佛菩薩的本誓願力，是來自諸佛菩薩的吉祥祝福與智慧心語。咒語讓人憶起佛菩薩的功德，進而喚醒人們自心中沉睡的佛，學佛成佛。即使心中眞有如佛陀時代的殺人魔鴦掘摩羅，曾經施咒害人，如能眞誠持咒懺悔修心，將能如藏傳佛教的密勒日巴尊者，在償還詛咒果報後，終悟佛道。

透過持咒修行，不但能迴向超度六道衆生，也超度了自己的種種煩惱。以咒語爲法舟，從煩惱此岸，到達智慧彼岸。

（李耘廣　攝）

Question

40

# 持咒容易發生靈異現象嗎？

有些人受到電影或小說的影響，以爲咒語都是用來召喚鬼神或驅鬼，只要持咒就會發生靈異現象，所以不敢用持咒爲修行方法，以確保自己家宅安寧、身心平安。

## 佛教持咒為修定

這樣的擔心是不必要的，因爲佛教咒語不是咒術，持咒的主要功能是修定，幫助修行者收攝身心，不起煩惱。除了佛教咒語，心中不會另生雜念，身心自然寂靜安定。

佛弟子皈依三寶後，就不再信仰天魔外道與邪說，不會和天魔外道聲氣相通。而且皈依三寶自得護法龍天守護，即使眞有天魔鬼神也不敢侵犯。持誦佛教咒語的益處之一，便是鬼神不會侵犯。

## 莫讓疑心生暗鬼

人們往往畏懼外在的鬼神靈異現象，卻忽略了很多問題都是自己疑心生暗鬼。如果持咒之後，我們的心沒有學習到觀音菩薩的慈悲自在，阿彌陀佛的莊嚴智慧，反而還是像惡鬼般貪婪，或是修羅般瞋怒，更需要精進修行，讓自己心的頻道，重新調回佛道。

Question

41

# 咒力眞的有加持力嗎？

## 接引大眾的方便

佛法主張出離欲望無所求，才能究竟自在，自然也就無需求取加持或給予加持。但是一般人面對疾病、感情、事業煩惱，常會期待神力加持或佛菩薩救濟。因此，加持雖非究竟方法，但爲了接引方便與大衆需求，佛教不否定與反對加持的信仰和作用。

加持的力量，即是轉變被加持者的心。因此，所謂的加持力，主要在於幫助被加持者安心、安身而度過難關，讓他們有勇氣與毅力面對現實，鍛鍊成長。

（張晴　攝）

## 以慈悲和修持感化眾生

佛教的加持是以慈悲力和修持力，感化六親眷屬、怨親有緣的執著報復心，轉生善道，讓被加持者因此消災免難。但是之後需要皈依三寶、修持佛法，以造福眾生，避免再造惡業，重受苦果。

畢竟加持只是一種方便，不是根本辦法。被加持者如果自己不用功修行，就如同向銀行貸款，雖然加持後能得一段好運，但之後利上滾利，還是必須自行償還債務。

Question

42

# 可以同時持誦多種不同咒語嗎？

佛教徒的早晚課裡，《朝暮課誦本》收有許多不同的咒語，這些咒語具有不同的功能與意義。雖然可以同時持誦多種不同咒語，但是初學者如果以咒語爲定課，最好還是一門深入，勿貪多爲宜，比較方便調心。

## 貪心是一種煩惱

有的人以爲持愈多種咒，累積的功德愈大，這是一種錯解。就如散心念佛，不如專心念佛。貪心雖也可讓人精進用功，但畢竟還是一種煩惱，無法讓人得定和開啓智慧，體驗到學佛的安心自在。

（李蓉生　攝）

## 至誠持誦，由定發慧

因此，雖然不論持誦哪一種佛教咒語，都有一定的功德，但是持咒的初發心不是爲了貪求功德和感應；若能一心至誠持誦，反而有助於心的專注，可由定發慧，長養與佛菩薩一樣的智慧與悲心。

Question

43

# 八字輕的人最好不要念咒？

有些人擔心自己的八字較輕，持咒會招來鬼道衆生，因而不敢念咒。其實，佛教持咒相應的主要對象是佛菩薩，並非鬼道衆生，所以不需要疑神疑鬼，自己嚇自己。

## 修行能轉化與提昇生命

所謂的八字，其實是由於往昔的功過所感得的此生果報。佛教對於生辰八字的命理之術，認爲命理有其道理，但不應該迷信。佛教非宿命觀，從因果、因緣看待生命，認爲透過努力可以改變因緣條件。

如果覺得自己是福薄之人，更應信佛、學佛，習得培福的方法。透過持咒，

（李耘廣　攝）

能讓我們感受到佛菩薩的莊嚴世界，由此也莊嚴了自己輕浮膽怯的心，願意隨佛同發〈四弘誓願〉：「眾生無邊誓願度，煩惱無盡誓願斷，法門無量誓願學，佛道無上誓願成。」透過發願的力量，從天窄地狹的煩惱世界走出來，走進天寬地闊的成佛之道。

## 不要看輕自己

因此，不論人生際運順逆如何，不論世間成敗評價如何，最重要的是不要看輕自己。與其相信八字，何不看重自己對佛、法、僧三寶的信心？何不相信諸佛菩薩的願力無邊能普度眾生？

Question

44

# 持咒靈驗後，還要繼續持嗎？

持咒靈驗，得到感應，可以帶給人對信仰的堅定信心，但是持咒的目的，並不只在於得到佛菩薩的加持而已。持咒是一種修行方法，幫助我們修正自己的身、口、意行爲。就如飲水、沐浴一樣，我們每天都需要法水滋潤，需要清除煩惱，以保持身心清淨。

## 與佛菩薩願力接軌

只要我們一天未成佛，一天未斷煩惱，就需要透過持咒來清淨自己，感念佛菩薩的功德願海，讓有限的生命，能與佛菩薩無邊的願力接軌，活出生命的意義，不虛此生。

（梁忠楠　攝）

有的人雖然每日持咒從不敢懈怠，卻也不免偷偷埋怨與疑惑，為何自己如此用功修行，卻還經常感冒生病？工作表現如此平凡？甚至讀經也不聰慧，禪修仍常昏沉……。佛菩薩眞的聽得到自己的心聲嗎？

## 佛光普照，日日平安

其實，只要我們還有一口呼吸，還有機會可以修行，就是一種福氣。修練平常心，在平常生活裡體驗不因順逆、苦樂起煩惱的自在。正因有佛菩薩的護佑，我們才能日日平安，把握人身的修行機緣。因此，只要還有一口氣在，當然要好好珍惜持咒的美好時光。

Question

# 45 持咒是否要吃素？

試想如果持咒時，口臭熏人，自己能不受影響而達到安定身心嗎？雖然持咒不一定要吃素，但是素食確實可以讓人口氣清新。

素食的純淨飲食，無肉腥酒臭，也無讓心浮動不安的蔥、蒜五辛，自然容易營造一個清新自在的修行環境，讓持咒能輕鬆得力。同時，素食也能助人身心輕安，避免持咒昏沉。

更重要的是，素食的一念慈悲，當下即與佛心相應。如果說「一聲佛號，一聲心」、「一念相應，一念佛」，或許一餐素食就能成就一方淨土。素食既能成就自己的修行福田，又能與眾生廣結善緣，何樂而不爲？

（梁忠楠　攝）

Question 46

# 持咒如不持戒，就會失效嗎？

民間的符咒失靈，往往會歸咎於求助者本身觸犯禁忌，持戒不清淨而招惹神明發怒，不願意繼續協助。因此，能否持守戒條與承諾，變成符咒是否會功虧一簣的關鍵。

## 皈依三寶必持戒

佛教徒不論持不持咒，一旦皈依了三寶，一定都要持戒。雖然受戒、持戒後，自有龍天護法保佑，但是持戒的目的，不在於謀求佛菩薩能幫助自己滿足欲望，而是從中學習體驗少欲知足得安樂。

持戒能保護人身心平安，佛教徒最基本的五戒：不殺生、不偷盜、不邪淫、不妄語、不飲酒，都是自護護人的基本方法，也是自尊自重的人生態度。

## 斷除煩惱成就佛道

《楞嚴經》說：「攝心為戒，因戒生定，因定發慧，是則名為三無漏學。」修行即是修學戒、定、慧三學，為三種幫助人斷除煩惱成就佛道的實修方法。如能持戒攝心，自能得定發慧，也就圓滿了持咒的發心學佛。因此，佛教徒持咒一定要持戒，並非為了要讓咒語靈驗，而是成就道業。

Question

# 47

# 持咒爲何能消業障、免災難？

有人質疑持咒能消災免難，似乎與佛教的因果業報觀相違背。

## 減少作惡，開發善根

其實，持咒時的心念清淨專注，即是持戒，減少造作惡業的機會，轉化心念，開發我們的善根。如能持之以恆，將每一次持咒都當成一次虔心的呼喚與祈請，咒力與心力加乘的效果，必能感通諸佛菩薩的本誓願力，來護佑我們修行，幫助我們跨過每一段生命的苦厄。

## 重罪輕受

此外，雖然定業不容易改變，但從因到果必須有因緣的配合，所以，有時候

（李宛蓁　攝）

雖然犯了重罪，誠心懺悔，也可能只受較輕的果報，即所謂「重罪輕受」。就像定時炸彈一樣，如果有人知道如何拆除炸彈的信管，就能化解炸彈的爆炸危機。

因此，定業未必絕對無法改變。

Question

48

# 持咒能對抗或降伏無形眾生嗎？

咒語都是源於諸佛菩薩的大悲心，而產生攝受、調理、降伏之威德力，不是用來對抗其他眾生的。例如如果有人深信用〈大悲咒〉來驅鬼十分有效，這絕非佛教的主張。

## 以陀羅尼度脫一切有情

如同《大乘本生心地觀經》提到：「若有眾生其性難調。聞是法已，心未調伏，即爲宣說八萬四千陀羅尼門，如是妙法皆利他行。」眾生性剛難調，菩薩爲度脫一切有情、大慈愍念眾生，而以陀羅尼妙音饒益有情，怎麼可能使用咒語來傷害眾生呢？

## 持咒要廣結善緣

佛菩薩均是心地光明、柔軟，所宣說的祕密語，咒音優美，無限慈悲，不可能用於辱罵或詛咒，那不是「持咒」，而是在「詛咒」眾生，所以持咒者一定要有正確的心念，持咒是要透過咒語來幫助眾生得度，脫離三惡道，而不是用來驅離他們，否則，如此一來，不但無法廣結善緣，反而結下惡緣。

Question

# 49

# 持咒可仰賴佛菩薩，不用努力就有福報？

很多人以為，念佛或持咒的人全靠「他力」；而禪修要全靠自己，屬於「自力」，其實，這兩個觀念都不正確。不但禪修需要靠「他力」，念佛、持咒也需要有「自力」。

## 心口合一，用功調心

禪修的人，不太可能完全憑自己的力量就能夠有所成就，還是需要老師、護法神與諸佛菩薩的護持，修行才能平安順利。念佛、持咒如果心口不一，未專心用功，將無法發揮修行的調心功能，也難以與佛菩薩願力相應。

（李宛蓁　攝）

## 自他二力相輔相成

自他二力是相輔相成的，由自力引發他力的感應，由他力而加強了自力的力量。佛法是重自力的、重自求解脫，開發本有的佛性。但佛菩薩的悲願，濟度眾生，護念眾生，是一種他力，而這種他力的感應，是自助而後天助，是佛菩薩應我們自身力量所感。如果完全仰賴他力，那是近乎迷信，而沒有智慧。

Question

50

# 持咒一定可以滿願嗎？

持咒能讓人所求滿願，但這不是佛弟子持咒的初發心。

## 心無所求

持咒與布施是一樣的道理，要抱持「三輪體空」的正確心態，沒有布施的「人」、「物」與「對象」，是無所求的布施；同樣地，持咒也是藉由咒語讓人專注、安定，並沒有一定要得到什麼。持咒要抱著正念而持，當心有所求時，心就被「所求」局限住了，像是心裡不停想著：「願望什麼時候才能實現？已經持了幾遍？……。」容易讓人患得患失，也失去持咒的真正意義。

# 學習佛菩薩發願

許多人最初可能是因「許了願」而持咒，最後也的確「滿了願」，但這都不是持咒的最主要目的，只是持咒的附加價值。許多咒語具有滿願、消除修行障礙、開啓智慧等功用，但這些都是佛菩薩救度眾生的願心，希望眾生藉由對佛菩薩產生信心，進而學佛修行。因此，最重要的是，要學習佛菩薩發願，堅定信佛、學佛、行菩薩道的初發心。

（梁忠楠　攝）

學佛入門Q&A 13

# 咒語50問

50 Questions about Buddhist Dharanis and Mantras

| | |
|---|---|
| 編著 | 法鼓文化編輯部 |
| 攝影 | 李宛蓁、李耘廣、李蓉生、梁忠楠、張晴、鄧博仁 |
| 出版 | 法鼓文化 |
| 總監 | 釋果賢 |
| 總編輯 | 陳重光 |
| 編輯 | 張晴、林蒨蓉 |
| 美術設計 | 和悅創意設計有限公司 |
| 地址 | 臺北市北投區公館路186號5樓 |
| 電話 | (02)2893-4646 |
| 傳真 | (02)2896-0731 |
| 網址 | http://www.ddc.com.tw |
| E-mail | market@ddc.com.tw |
| 讀者服務專線 | (02)2896-1600 |
| 初版一刷 | 2017年8月 |
| 初版四刷 | 2024年8月 |
| 建議售價 | 新臺幣160元 |
| 郵撥帳號 | 50013371 |
| 戶名 | 財團法人法鼓山文教基金會—法鼓文化 |
| 北美經銷處 | 紐約東初禪寺<br>Chan Meditation Center (New York, USA)<br>Tel: (718)592-6593 E-mail: chancenter@gmail.com |

法鼓文化



國家圖書館出版品預行編目資料

咒語50問 / 法鼓文化編輯部編著. -- 初版.
-- 臺北市 : 法鼓文化, 2017.08
面； 公分
ISBN 978-957-598-756-5(平裝)

1.咒語 2.問題集

225.83033 106009763